OPINION

ET

RÉFLEXIONS D'UN FONCTIONNAIRE PUBLIC

SUR LES CAUSES QUI ONT AMENÉ

LA RÉVOLUTION DE 1830,

SUR LES MOTIFS DU MALAISE QUE LA FRANCE A ÉPROUVÉ

ET LES MOYENS À METTRE EN USAGE POUR LE FAIRE CESSER.

Depuis quarante années la France voit les événemens politiques se succéder avec une telle rapidité que l'écrivain le plus distingué, le philosophe le plus sage, peuvent à peine s'accorder sur les voies à suivre pour fixer le calme et le bonheur dans notre belle patrie.

En me livrant à quelques réflexions sur ce qui s'est passé sous les trois derniers règnes et depuis les glorieuses journées de juillet, je n'ai pas la prétention de me mettre sur les rangs de ces écrivains profonds qui, par un style élégant et facile, éclairent le public sur toutes les améliorations que le gouvernement, en sa sollicitude, lui prépare journellement; la tâche que je puis m'imposer est moins brillante, parce que je connais l'insuffisance dont je suis entaché. Communiquer mes idées sur les sensations que me fait éprouver l'esprit de parti qui agite mon pays, faire connaître mon opinion sur les motifs qui nous mettent dans une tre asile que les cœurs d'un petit nombre de ci-

fausse position à l'égard de l'étranger, en lui donnant à croire que la France divisée pourrait souffrir une troisième invasion ; essayer de prouver que, pour rendre à tout jamais nos institutions stables, il n'y a pas d'autre voie à suivre que celle de calmer les passions et d'entourer de notre amour inviolable le trône de Louis-Philippe Ier, tel est mon but ; je le crois louable, et j'espère qu'il me vaudra quelque indulgence de la part de mes lecteurs.

Que veut la France ? La liberté, l'ordre et l'égalité.

La liberté, parce qu'elle est un besoin commun à tous les Français.

L'ordre, parce que sans lui il n'est pas de liberté possible.

L'égalité, parce que tous les citoyens ont une juste idée de leur dignité ; parce que, sous un gouvernement protecteur des lumières, deux hommes d'un mérite égal doivent espérer d'être distingués par le pouvoir sans qu'ils aient à craindre de voir préférer le rang ou la naissance.

Napoléon comprenait parfaitement ces trois élémens de force et de prospérité lorsque, après avoir étouffé l'anarchie, il vint s'asseoir sur un trône vacant ; mais, entraîné par une ambition sans égale, il voulut bientôt que sa volonté fût la loi suprême ; alors il maintint seulement l'ordre, qui n'était rien autre chose qu'une servitude propre à anéantir les facultés de l'homme.

L'égalité fut méconnue, et la liberté n'eut d'au-

toyens courageux qui ne cédèrent jamais aux exigences du pouvoir.

Cet homme de génie possédait au dernier degré l'art de cacher sous les prestiges de la gloire toutes les difformités d'un gouvernement absolu. Pendant quelque temps la nation fut abusée, et comprit trop tard que son triomphe ne pouvait être de longue durée. Après avoir dicté des lois à l'Europe entière, il fut plus que jamais intimidé par les idées d'indépendance qui caractérisaient ses sujets, et cette crainte détermina sa perte. Cependant, s'il eût mieux compris nos besoins, rien n'eût manqué à sa puissance; il n'eût pas acquis la fatale certitude qu'en France la gloire même ne dédommage pas de la perte de la liberté; les légions étangères n'auraient jamais foulé le sol de la patrie.

Louis XVIII fut également loin de régner sans commettre des fautes. Il l'a reconnu dans maintes circonstances, notamment dans la proclamation par lui adressée à la Chambre des députés en mars 1815.

Dès cette époque, mu par un délire inconcevable, le pouvoir se livrait à une foule d'actes de duplicité. La presse, déclarée libre par la Charte, était enchaînée par les lois; des journaux organes du gouvernement se coalisaient pour déconsidérer notre gloire nationale, seul bien qui, après d'immenses désastres, ne pouvait être enlevé à la France; des titres, des honneurs, des dignités, des richesses, étaient prodigués sans mesure à toutes les incapacités.

Telle était la marche suivie sous l'empire de la première restauration, quand, au milieu de tant d'aberrations politiques, éclata le 20 mars, suite inévitable des faiblesses du monarque et de l'abandon spontané de tous ceux qu'il avait comblé de faveurs.

Je ne rappellerai point ces cent jours qui dévoilèrent à nos yeux tant d'actions sublimes en même temps qu'ils préparèrent une immensité d'humiliations. Il est constant que l'Europe déchaînée n'eût jamais vaincu la France, si la trahison, et par suite le découragement, ne se fussent pas glissés dans nos rangs.

La seconde chute de Bonaparte, dont une nouvelle restauration était la conséquence naturelle, fit éclore une foule de héros surannés, inconnus de nos vieilles phalanges, étrangers à nos idées comme à notre gloire, susceptibles seulement d'accaparer tous les emplois.

Notre immortelle armée, si fière à juste titre de tant de succès, est dissoute; ses services sont méconnus, et l'on voit d'un bout de la France à l'autre les nobles défenseurs de notre indépendance nationale forcés de végéter dans l'abandon et la misère, condamnés à se procurer par un travail pénible un morceau de pain : tristes effets des dissensions politiques, fatal résultat d'un pouvoir imposé par les baïonnettes étrangères !

Je ne retracerai pas ces pages sanglantes de notre histoire, qui malheureusement seront perpétuées à jamais ; ces massacres du Midi ; ces cathégories monstrueuses établies par un parti implacable, ennemi de toutes lumières, imbu des vieux préjugés de l'ancien régime ; ces ordonnances qui se succédèrent jusqu'à celle trop fameuse du 5 septembre, ordonnance dont l'émission ne fut qu'un acte de détresse de la royauté alarmée. N'est-il pas constant, aux yeux de tout citoyen ami de son pays, que de pareils actes ont amené la condamnation d'une faction envahissante, dont le but avoué par la raison était d'établir au sein même de la Chambre le foyer de ses passions ? Je passe à l'examen de ces machinations indignes, de ces œuvres occultes, de cette puissance mystérieuse qui arrachait chaque jour le pouvoir des mains d'un monarque privé depuis longtemps, par l'âge et les souffrances, de toute faculté morale.

Dès le commencement de 1824, Louis XVIII avait cessé de régner, et son successeur naturel, ennemi de toutes libertés, dirigeait les rênes de l'État. Parfois, lorsque la maladie donnait un moment de calme au vieux monarque, il sentait son cœur déchiré par des actes qui lui présageaient la chute prochaine de sa dynastie ; il se hâtait de les détruire, mais tous ses efforts devenaient stériles. Entouré de conseillers perfides, jamais il ne pouvait connaître le vrai, et lorsque le lendemain il était accablé par la douleur, on se hâtait de détruire l'ouvrage de la veille C'est alors qu'on vit cette société si funeste aux nations devenir plus audacieuse: ces satellites du pouvoir absolu formèrent une ligue plus étroite contre les droits du peuple ; les besoins de la France étaient sans cesse méconnus, les destitutions les plus injustes frappaient les fidèles partisans de la royauté, qui la croyaient impossible sans les garanties dont elle avait été précédée ; on augmentait chaque jour l'empire de ce monarque despote qui venait d'être rétabli sur le trône de l'antique Ibérie.

La leçon du malheur ne fut point profitable après vingt ans d'exil, et les gouvernans ne se pénétrèrent pas assez de ces belles et touchantes paroles que Louis XVI leur avaient léguées :

« Je prie Dieu de pardonner à ceux qui, par un
» faux zèle ou par un zèle mal entendu, m'ont fait
» beaucoup de mal (1). »

Enfin, le monarque législateur rendit le dernier soupir, et l'on vit paraître Charles X, dont les erreurs, les tergiversations et la duplicité privèrent la France du rang qui lui était assigné parmi les nations.

Énumérerai-je toutes les fautes lourdes et volontaires dont les effets furent si funestes? m'étendrai-je sur les efforts redoublés de cette société, don l'unique but était de jeter un brandon de discorde, une inextricable complication dans un état de chose

____

(1) Testament de Louis XVI.

déjà si gravement compromis? parlerai-je de ces ordonnances qui condamnaient à la nullité cette masse de guerriers reste de notre vieille gloire, dont la vie et l'épée appartenaient à la France et qui demandaient seulement à la servir? m'occuperai-je de ces largesses inopportunes qui grevèrent la France sans satisfaire les exigences ni réparer les infortunes les plus intéressantes? enfin, dirai-je quelque chose de cette loi d'amour, de celle plus condamnable encore sur le sacrilége? non: il répugne à un cœur généreux de tracer de semblables tableaux; il ne peut que faire des vœux pour qu'il fut possible d'en affranchir les pages de l'histoire.

Cependant, il faut en convenir, malgré tant d'erreurs désastreuses, les quinze années de règne de la branche aînée des Bourbons ne laissèrent pas d'offrir quelques avantages à notre pays: la presse, moins gênée que sous l'empire, favorisait le délevoppement des idées; l'opposition offrait une barrière ferme aux empiétemens du despotisme, et tout porte à croire que notre régénération politique se serait fait attendre plus long-temps si le ciel, en sa faveur, n'eût confié le sort de l'État au ministère le plus aveugle, le plus inepte, le plus fait pour perdre la France, si jamais la France pouvait périr!

Mais à toutes choses il est un terme: entraînées dans l'arène par la force des circonstances et l'exaspération d'une nation outragée, la Raison et la Liberté d'accord font connaître bientôt à la royauté qu'un prince ne doit jamais manquer à ses sermens, et moins encore sanctionner cette déloyauté par la guerre civile. Deux jours d'une lutte inouïe offrent à l'Europe étonnée un de ces spectacles que l'histoire est appelée à peindre de ces sombres couleurs; un peuple sans armes affronte la mitraille; victorieux par son courage, il reste calme après le succès, généreux et pur comme la cause qu'il défendait.

Telles sont les causes de la révolution de juillet. Ce triomphe de la raison ne peut être considéré que comme une réaction populaire dirigée spontanément contre l'absolutisme; il faut en chercher uniquement la source dans la non exécution de la Charte de 1814: ce pacte fondamental, bien qu'il fût imparfait, bien qu'il eût été octroyé sous l'influence des puissances étrangères, et sanctionné, si je puis m'exprimer ainsi, par plus d'un milliard, offrait quelques garanties; la France alors en demandait simplement la fidèle exécution.

Que les ennemis du trône érigé par la nation cessent donc de répéter que la révolution de 1830 était préparée depuis longues années! Une pareille assertion est de la dernière absurdité. Charles X eût été fort avec de la bonne foi; la France demandait la fidèle observation des promesses solennelles faites à Reims; elle était, encore une fois, loin de s'attendre à la déchéance de la branche aînée des Bourbons.

Mais le trône renversé de nouveau, le contrat

synallagmatique qui liait les citoyens au prince et
le prince aux citoyens, brisé par la non exécution
d'un acte sacré, obligatoire devant Dieu et les
hommes, à qui appartenait-il de confier les rênes
du gouvernement si ce n'est à Louis-Philippe Ier?
Les sacrifices que ce prince a faits pour la cause sublime de la liberté sont immenses; il a combattu
dans nos rangs, son cœur a toujours palpité au
mot de patrie; il comprend notre ère nouvelle;
sa présence nous a préservé de l'anarchie: tant de
titres le rendaient digne de fixer notre bonheur;
la pureté de ses intentions, sa nombreuse et intéressante famille et les hommes distingués sur les
talens desquels il s'appuie journellement, nous
offrent les plus vastes garanties.

Chercher désormais à consolider nos institutions nouvelles, tel doit être le but de tout Français ami de son pays; c'est le seul moyen d'arriver au port, car nul repos, nulle prospérité ne
sont à obtenir tant que la raison ne dominera pas
nos passions agitées en sens inverses, tant que
nous n'interprêterons pas la liberté ainsi que doit
l'entendre un peuple sage.

Sans consulter les annales de tous les peuples,
notre mémoire ne nous offre-t-elle pas un exemple
frappant des funestes effets de la licence substi-
tuée à l'ordre et à la liberté, ou, en d'autres ter-
mes, ne se rappelle-t-on pas comment a commencé la révolution de 1789 et quelles en ont
été les conséquences? Elle fut faite au nom de l'é-

galité des droits, besoin de tous les peuples : cependant la république, sublime à Rome et à Athènes, impossible en France, entraîna bientôt avec sa frêle existence le bouleversement de toutes les bases sociales, nous légua la corruption et le désordre à la place des prodiges qu'elle devait enfanter.

Trop de malheurs ont pesé sur la France durant ces années de délire où l'on se jouait impunément de la fortune et de la vie des citoyens; jetons un voile sur de si tristes souvenirs, bornons-nous à examiner quels sont les moyens à mettre en usage pour préserver la nation de tomber jamais dans de pareils excès.

Pourquoi attribuer sans cesse la décadence du commerce et de l'industrie à de prétendues fausses mesures de l'administration? Il n'y a pas de bonne foi dans ce raisonnement ; il dénote l'intention coupable de porter aux dernières extrémités la classe laborieuse du peuple, en lui faisant croire qu'elle doit sa misère aux conseillers de la couronne ; mais de pareilles insinuations deviendront de plus en plus inutiles ; nous ne sommes plus au temps où le peuple ne s'apercevait que du gouvernement de fait, où le plus doux, le moins exigeant en impôts lui paraissait le meilleur, fût-il celui d'un despote. Aujourd'hui, ce même peuple est raisonnable ; il est facile de lui faire concevoir que les nouvelles charges qui lui sont imposées sont la conséquence naturelle des dépenses sans nombre et indispensables qui ont grevé le trésor public; il n'ignore pas que la stagnation du commerce est due à la malveillance de ce parti implacable dont les rêves journaliers tendent au désordre, à cette défiance que la haine et la cupidité font naître et s'efforcent d'exploiter; le peuple, enfin, peut être égaré, mais son erreur n'est jamais susceptible de durer long-temps : vérité qui naguère nous a été démontrée de la manière la plus évidente. Cette classe intéressante de la population lyonnaise ne vient-elle pas de prouver que, si elle a été trompée sur la manière dont elle doit soutenir ses droits et ses intérêts, elle connaît aussi la soumission aux lois? n'a-t-elle pas donné la certitude qu'elle met toute sa confiance dans la sollicitude du monarque qui saura prévenir ses besoins?

Cependant, quelles que soient la droiture et la loyauté du peuple, il ne faut négliger aucun moyen susceptible de perfectionner son caractère; il faut lui donner la preuve irréfragable qu'il doit se défier plus que jamais des piéges que l'on cherche à lui tendre sans cesse, qu'il doit fermer l'oreille à ces insinuations perfides, à cet esprit de vertige qui le conduirait infailliblement à sa perte. Le gouvernement est énergique, fort et juste ; il saura consolider l'ouvrage qu'il a commencé. La monarchie constitutionnelle, garantie par la Charte, suffit à nos besoins, à notre gloire nationale; elle ne soumet plus en problème notre avenir.

La liberté de la presse est sans doute un grand bienfait accordé aux lumières du siècle; mais qu'elle se garde bien des écarts qui pourraient nous mener trop loin. Faire justice des innovations pernicieuses, signaler les abus, éclairer le pouvoir avec franchise, tel doit être le cercle de ses attributions; ce n'est point en cherchant à rendre odieux un ministère qui se montre le soutien loyal et sincère du trône et de la nation qu'elle réunira l'assentiment de cette masse de citoyens si fortement intéressés au bon ordre; on apprécie trop généralement en France le besoin de la concorde, pour que tout ce qui tend à agiter les passions ne soit détesté par tout homme de bien.

Portons maintenant nos regards sur cette partie de la population abandonnée si long-temps à elle-même; payons religieusement cette dette qu'un État protecteur des lumières veut contracter et dont il recueillera avec nous les fruits précieux. Trop long-temps une coupable indifférence a privé notre patrie des bienfaits inappréciables de l'enseignement; il faut que chaque citoyen ami du savoir déploie, de concert avec le gouvernement, tous les moyens qui sont en lui, pour que l'instruction primaire soit bientôt propagée dans les villes, les bourgs et les simples hameaux. L'habitant des campagnes est encore courbé sous le poids des préjugés et de l'ignorance; mais il commence à sentir cet état d'abaissement, il démaude à jouir des bienfaits d'un changement qui doit lui ouvrir la carrière du génie et l'instruire de la dignité de l'homme; les progrès de l'instruction sont aujourd'hui un besoin impérieux; ils offrent les moyens de franchir cette barrière de ténèbres que le despotisme voulait établir entre la génération nouvelle et les siècles à venir. Mais ce n'est pas assez d'instruire, il faut encore donner une bonne direction aux disciples que l'on forme: ainsi donc, le but sera manqué, les intentions du monarque seront méconnues, si l'on ne forme pas des citoyens amis des lois, des citoyens qui sachent ne s'écarter jamais du sentier étroit de la vertu.

Pour ce qui est de l'administration départementale, ses devoirs, il faut le dire, sont pénibles et difficiles depuis notre régénération politique. Sans cesse en butte à l'exaspération des partis, elle se voit souvent obligée d'ajourner telle ou telle mesure, dans l'espoir que le silence et le mépris conduiront à un résultat avantageux. Cependant elle doit toujours être ferme dans ses actes; jamais elle ne doit pactiser avec la faiblesse, défaut coupable qui conduit ordinairement à leur perte les hommes animés des intentions les plus pures; son devoir est de combattre tous les partis dont les efforts tendent au bouleversement de l'ordre social; l'une de ses obligations les plus expresses est de ne jamais se laisser abattre. Lutter contre les passions sans espérance de succès peut fatiguer l'administrateur le plus actif, mais non le décourager.

Après avoir servi Napoléon depuis 1812 jusqu'à l'époque de sa dernière chute, mes opinions, d'accord avec celles qui prévalent aujourd'hui, me firent condamner, par la dynastie déchue, à une inaction de quinze années ; mais, depuis la révolution de juillet, mes anciens services m'ont fait employer dans un des départemens du Midi, où je me suis trouvé à même d'étudier les dangers que les ennemis de la France donnent à craindre. Sous ce rapport, je dois compte de mon opinion à mes lecteurs ; heureux je m'estimerai si elle peut être de quelque utilité.

Dans ces contrées, les carlistes, qui forment le plus grand nombre, sont réduits, ainsi que le reste de leurs acolytes, à mettre toutes leurs espérances dans l'apparition des légions étrangères ; ils sont, en général, audacieux et entreprenans ; mais toutes leurs démarches, toutes leurs entreprises tendent au même but ; ils ne seraient dangereux que dans le cas d'une invasion.

Parmi ces ennemis de la prospérité de la France, il est des vieillards probes, justes et paisibles, ennemis du trouble, désireux seulement de jouir en paix de leur fortune ; ils jurent intérieurement une haine implacable à nos institutions nouvelles, ils nourrissent un attachement sans borne au pouvoir renversé, mais ils sont incapables de rien entreprendre contre la tranquillité publique. Les plus dangereux de ce parti sont des jeunes gens riches, instruits, entreprenans et actifs, qui bravent toutes convenances, exalent leur rage impuissante, en profitant de la différence de religion pour égarer un peuple ignorant et fanatique, mais doux en même temps, et le précipiter dans des échauffourées où ils l'abandonnent au moment du danger.

Ces jeunes gens ne se laissent jamais décourager : vaincus aujourd'hui, demain ils sont plus orgueilleux ; ils ourdissent continuellement des trames contre les libéraux, cherchent leur présence pour les outrager ; ils ont des correspondans dans tout le Midi et dans l'intérieur de la France, inventent et débitent sans cesse des nouvelles alarmantes, ne laissent échapper aucun des adminicules qui peuvent servir leur cause. L'autorité doit les surveiller avec activité, et les traiter sans ménagement lorsqu'ils sont pris en faute, parce qu'ils ne cesseront jamais d'être les ennemis jurés du roi des Français tant qu'ils conserveront l'espoir chimérique de voir remplacer ce prince par Henri V. Ils ne sont pas assez pénétrés que leurs sourdes machinations sont susceptibles seulement de les conduire à leur perte.

Mais il est encore des ennemis plus dangereux peut-être : ce sont ces instigateurs qui, dans les petites localités, s'érigent en orateurs, s'emparent de la crédulité du peuple, donnent le change sur les intentions du gouvernement, dénaturent ses actes, s'efforcent de persuader que 1830 doit entraîner à sa suite ce qu'ils en appellent les conséquences, la violation de la propriété, l'égalisation des fortunes, les lois d'exception, le désordre, l'anarchie, en un mot, toutes les horreurs de 93. Telle est la contagion funeste, telles sont les plaies dégoûtantes de la nation dont l'autorité doit constamment s'occuper. Que ne doit-on pas redouter encore de cette tendance au renversement de la religion de nos pères? Où peut mener cet appel aux passions qui, sous le masque du libéralisme, tend à propager des doctrines subversives, des doctrines contraires aux mœurs, au bon sens, à la raison?

Prêcher l'égalité n'est pas une faute dans le siècle où nous sommes, mais il doit être question seulement de l'égalité devant la loi; promettre le partage des fortunes est donner à la crédulité, à la méchanceté et à l'ambition un encouragement dangereux. Fera-t-elle croire, cette nouvelle association, que la véritable religion, simple et modeste comme son auteur, n'offre de bonheur qu'à l'homme riche? persuadera-t-elle que le moyen de comprendre et propager la liberté est celui de faire des dupes?

On conçoit avec peine que le talent puisse se prostituer au point d'exciter et de fomenter le trouble, de donner aux mesures les plus sages du gouvernement le caractère de la spoliation : on se demande chaque jour comment des hommes qui se disent les amis des libertés publiques, cherchent continuellement à bouleverser la société par un esprit systématique d'opposition.

La religion catholique n'est plus, il est vrai, la religion de l'État, mais elle est celle de la majorité des Français, elle est professée par la famille qui règne sur la France : nous devons, à ces titres, repousser tous les détracteurs qui cherchent à l'avilir ou à lui porter atteinte. Si des abus fréquens et une domination trop récente ont attiré le blâme et la déconsidération sur quelques ecclésiastiques, il faut bien se garder de confondre dans la même proscription tous les ministres des autels ; il en est de respectables qui, en leur qualité d'hommes vertueux, de citoyens honorables, ont les plus grands droits à notre estime et à la protection des lois. Honorer la religion est appeler sur la France une source de prospérité !

Il est donc du devoir du fonctionnaire public de signaler à l'État toutes les turpitudes de ces nouveaux sectaires. Il faut même dire davantage : c'est un devoir d'autant plus impérieux que ces prétendus réformateurs tendent, dans toutes leurs hypothèses, à déverser sur le pouvoir un blâme dangereux.

Je ne dois point passer sous silence les services signalés que, durant toutes nos tribulations, cette loyale garde nationale parisienne nous a rendus. Que de zèle n'a-t-elle pas déployé ! que de preuves de dévouement n'a-t-elle pas donné aux lois et au trône constitutionnel! Suivons partout son exemple. Ne blâmons pas les intentions du législateur: la loi, quoique incomplète, n'est pas moins un gage de la sollicitude du pouvoir législatif. L'esprit humain ne saurait tout comprendre, tout perfectionner; il est de nous de suivre avec respect les règles qui nous ont été tracées.

La milice citoyenne, dont s'enorgueillit la France, doit toujours être prête lorsque la France a besoin d'elle; non-seulement elle est instituée pour maintenir la paix et l'ordre public, mais encore pour protéger l'inviolabilité des lois et voler au secours de la patrie menacée.

Mais que fais-je? pourquoi énumérer les devoirs du garde national? tous les connaissent, ils sont observés par tous; il n'est pas un seul Français revêtu des couleurs nationales susceptible de fuir devant l'étranger prêt à souiller le sol de notre belle France; notre indépendance n'est plus une illusion, elle est à tout jamais assurée.

Si, après une commotion politique si soudaine et si décisive en même temps, l'ordre a un peu souffert, si des craintes se sont manifestées, il faut en chercher la cause dans le choc des opinions, dans l'irritation des partis. Mais aujourd'hui notre expérience nous prépare un avenir dégagé de tout malaise; la malveillance échouera pour toujours partout où il existe des hommes sages, fermes et prudens. Les ennemis de la liberté sans licence, ne trouveront plus en France que la honte et le déshonneur.

La paix est aujourd'hui un besoin. La France la désire, elle la demande, elle la veut sans concessions humiliantes; elle fera tous ses efforts pour l'obtenir, pourvu qu'elle conserve dans la balance de l'Europe la place qui de tout temps lui fut assignée.

Mais si après nous être montrés dignes de nous, grands, nobles et généreux, la ligue des rois s'ébranle pour venir nous dicter des lois, elle doit trouver partout un patriotisme pur, un zèle à toute épreuve, partout elle doit rencontrer un sol hérissé de baïonnettes. C'est alors que nous devrons imiter cette héroïque Pologne, nation terrible dans les combats, généreuse après la victoire, noble et sublime dans les malheurs.

En attendant des circonstances qui sans doute ne se présenteront pas, prodiguons à ces valeureux exilés l'hospitalité à laquelle vingt années de combats pour notre cause leur donnent tant de droits: en les accueillant comme des frères, prouvons-leur combien nous sommes touchés de leurs malheurs; indemnisons-les, par un attachement inviolable, des sacrifices sans nombre qu'ils ont faits pour nous; donnons-leur la douce certitude qu'il n'a pas dépendu de nous de leur donner seulement des larmes en compensation du sang que pour notre gloire ils versèrent au champ d'honneur.

Après avoir énuméré les causes qui détermi-
nèrent la révolution de 1830, et signalé le malaise
passager qui devait en découler, après avoir fait
connaître les abus à corriger et les améliorations
à obtenir, il me reste à tracer les règles de con-
duite que nous devons suivre pour arriver à cet
état de prospérité, au bonheur que la France
ambitionne, et dont trois journées d'un héroïsme
sans exemple la rendent si digne.

Le gouvernement de Louis-Philippe Ier est le
meilleur de tous les gouvernemens; il est le
plus grand bien politique auquel les Français
puissent aspirer. De sa conservation dépendent
l'honneur national et la vraie liberté; de son renversement découleraient naturellement ou les
horreurs de la guerre civile, ou l'avilissement et
le démembrement de la nation.

Il est donc de notre intérêt, je dirai même
plus, il est de notre devoir impérieux de nous
grouper autour du vaisseau de l'État, et d'attendre avec calme et courage les événemens. La
France est grande et forte : les ressources ne lui
manqueront jamais; elle trouvera dans les nobles
cœurs de ses enfans l'élan et le dévouement néces-
saires pour soutenir l'éclat de son ancienne gloire.

L'année 1831, si fécondé en événemens politiques, a fourni à l'observateur de sérieuses réflexions à faire, tant sur l'instabilité de notre
caractère que sur la tendance des peuples de
l'Europe; au magistrat, de grands exemples de

prudence; à l'administrateur, de sages leçons qu'il doit mettre à profit.

Si les efforts que nous avons faits pour arriver à une civilisation perfectionnée n'ont pas été imités par les nations qui nous jalousent, ce n'est point une raison pour qu'elles méditent l'attaque de trente millions de citoyens armés pour le maintien de leur indépendance. Elles connaissent trop le droit des gens pour essayer de l'attaquer impunément; leur administration intérieure leur donne assez d'occupations, sans qu'elles cherchent à comprimer des principes qui bientôt deviendraient des armes dont se serviraient contre elles leurs propres citoyens. Nous n'avons donc désormais rien à craindre de l'Europe; tous nos soins doivent se borner au maintien de la paix intérieure.

Plus d'appel à la haine et aux factions; que les intérêts particuliers, les préjugés, les passions, ne travaillent plus sans cesse à éluder et à corrompre les lois. Ne cherchons pas à démolir chaque jour cet édifice social élevé par tant de sacrifices. Nous avons une juste ligne tracée : suivons-là concurremment avec le roi. Pilote habile, il saura, en consultant son cœur, son amour pour la France et les mandataires de la nation, nous conduire au port désiré. Ce n'est point assez d'avoir conquis la liberté, il faut encore qu'elle vive sans licence, qu'elle ne soit pas constamment outragée, qu'on n'en fasse pas un brandon inflammable de discorde. Montrons-nous confians en la sagesse de notre ministère; il saura maintenir la paix si nécessaire au retour de la confiance et de la tranquillité générale. Ses intentions sont pures, ses talens sont immenses; il mettra tout en usage pour notre prospérité; et si cette loyauté qui, dès le principe, dirigea ses actes est méconnue de nos ennemis, il sera le premier à crier aux armes; il donnera l'exemple du patriotisme et du devoir.

Jetons un regard sur le passé; examinons où il nous a conduit, et nous apprécierons bientôt tout le dévouement du plus généreux des princes, qui nous a sacrifié les douceurs de la vie privée pour nous sortir du chaos.

Si nous voulions sans cesse demander compte de leurs actions à ces incorrigibles champions du désordre, nous n'en finirions pas; laissons au temps le soin de les ramener à la loi, celui de punir leurs écarts. Nous devons cependant user de générosité envers eux; respectons leurs idées: l'opinion de l'homme est un domaine sacré sur lequel il n'appartient à personne d'empiéter. Si, abjurant leurs erreurs, ils se rallient au centre commun, s'ils reviennent à nous, le sang français coule dans leurs veines, il est de notre devoir de les accueillir comme des amis, comme des frères. Après de grandes agitations, tendre la main à un ennemi est un acte généreux qui n'exclut pas le courage.

Portons nos regards sur ces jours de gloire et de félicité où la France comptait de nombreux enfans unis par les mêmes sentimens : ils peuvent revenir, et nous les laisserions échapper ! Cette pensée est accablante, elle doit être repoussée de tout cœur français. Non, ces jours de prospérité n'ont pas cessé de luire pour la patrie ! Le parti le plus nombreux est celui de l'élu de la nation ; bientôt on n'en distinguera pas d'autre. Je le répète, abandonnons nos destinées à Louis-Philippe Ier, rallions-nous à sa bannière ; elle nous mena jadis à la gloire, elle nous conduira aujourd'hui à la paix et au bonheur. Avec lui, la royauté nouvelle, puisant dans les lois et les besoins de la nation la puissance de faire de grandes choses, justifiera sa nationale origine.

Telle est la manière dont je comprends les mots *liberté*, *ordre*, *égalité* ; telle est la manière dont j'entends le bonheur de la France. Hors des principes que je viens d'établir, celui qui voudra chercher cette liberté n'est pas l'ami de son pays ; ses travaux ne lui procureront d'autre résultat que celui de précipiter la France dans l'abîme où elle serait déjà plongée si elle n'en eût été écartée par la sagesse du monarque et la prudence énergique de ses conseillers.

Avant de terminer, je dois rendre hommage aux sentimens qui caractérisent les habitans de l'arrondissement confié à mes soins : la manière dont j'ai été accueilli et traité par mes administrés me fait une obligation expresse d'acquitter cette dette de la reconnaissance.

Ici l'opinion est généralement en faveur du gouvernement, à quelques nuances près des haines de familles, suite inévitable des jalousies qui règnent dans les petites localités; jamais la tranquillité n'y a été sérieusement troublée; le riche propriétaire et le modeste laboureur paient fidèlement les impôts, interprètent judicieusement le malaise qu'éprouvent le commerce, font des vœux pour le maintien de la paix et l'affermissement de nos institutions. Dans toutes les réunions, dans toutes les conversations particulières, on s'entretient des vertus du roi des Français, on loue la marche sage et prudente de ses ministres. Fasse le ciel que tous les citoyens pensent et agissent bientôt de la sorte! Notre belle France alors méritera, par son influence politique, d'être surnommée la reine de l'univers.

L. MAYER,

Ancien employé du ministère de l'intérieur, sous-préfet de l'arrondissement de Rochechouart (Haute-Vienne).

IMPRIMERIE DE A. BARBIER, RUE DES MARAIS S.-G., N. 17.